LES
COMBATS DE MORMANT

DE VILLENEUVE-LE-COMTE

ET

DE MONTEREAU

(17 et 18 Février 1814)

PARIS

LIBRAIRIE MILITAIRE DE L. BAUDOIN ET Cᵉ

IMPRIMEURS-ÉDITEURS

30, Rue et Passage Dauphine, 30

—

1889

LES COMBATS DE MORMANT

DE VILLENEUVE-LE-COMTE ET DE MONTEREAU

(17 ET 18 FÉVRIER 1814)

PARIS. — IMPRIMERIE L. BAUDOIN ET C°, 2, RUE CHRISTINE.

LES

COMBATS DE MORMANT

DE VILLENEUVE-LE-COMTE

ET

DE MONTEREAU

(17 et 18 Février 1814)

PARIS

LIBRAIRIE MILITAIRE DE L. BAUDOIN ET Cᵉ

IMPRIMEURS-ÉDITEURS

30, Rue et Passage Dauphine, 30

—

1889

LES COMBATS DE MORMANT,

DE VILLENEUVE-LE-COMTE ET DE MONTEREAU

(17 ET 18 FÉVRIER 1814 [1]).

Les Alliés, en envahissant la France, avaient commis la faute de laisser entre leurs deux armées un intervalle considérable.

Napoléon en avait profité, et les combats de Champaubert, L'Epine-aux-Bois, Marchaix, Château-Thierry, Vauchamps, avaient arrêté, puis refoulé les divers corps de l'armée de Silésie.

Pendant ce temps, Schwarzenberg continuait sa marche entre Seine et Yonne, avec l'intention de se porter sur les derrières de l'Empereur, engagé contre Blücher. Les cosaques de Platow et de Seslavin, appuyés par l'infanterie de Giulay et d'Ignace Hardegg, forcèrent le Loing à Nemours et Suippes, et se répandirent dans le Gâtinais ainsi qu'entre le Loing et l'Essonne, occupant Montargis et Pithiviers, menaçant Orléans.

Le 12 février, Schwarzenberg franchissait la Seine à Bray, malgré la résistance acharnée de 700 hommes commandés par Bourmont. Victor, Oudinot et Pajol, qui, avec des effectifs dérisoires[1], avaient mission de disputer le passage, se voyant près d'être débordés, se replièrent, les deux premiers sur Nangis, puis sur Guignes, le troisième sur Le Châtelet, puis sur Lory.

Le 15, les trois corps rejoignirent sur la ligne de l'Yères

---

[1] D'après les documents des archives du ministère de la guerre. (Voir les cartes de Provins et de Sens au 80,000ᵉ.)

[3] Comme exemple, nous citerons la division Rottembourg, du corps Oudinot, qui, le 12 février, avait un effectif de 800 hommes, d'après la situation envoyée le 13 à Berthier par Oudinot.

l'armée qui s'y formait par ordre de l'Empereur pour s'opposer à la marche de Schwarzenberg.

Le 16, Napoléon, présent à Guignes, donnait ses ordres pour le mouvement offensif du lendemain.

A cette date, les positions respectives des armées opposées étaient les suivantes :

2e corps (Victor) à **Chaulmes**, ses avant-postes vers Verneuil et Beauvoir (464 officiers, 6,085 hommes, 40 pièces);

7e corps (Oudinot) à Guignes et Ouzouer-le-Vougis, ses avant-postes vers L'Estang (293 officiers, 7,223 hommes, 34 pièces);

11e corps (Macdonald) à Solers (358 officiers, 8,439 hommes, 37 pièces);

5e corps de cavalerie (Milhaud) comprenant les divisions Piré, Briche et L'Héritier, à Arcis, surveillant Beauvoir et Courtomer (4,700 sabres).

La division de dragons Treilhard, venant d'Espagne, arrivait le 16 à Guignes. Elle devait faire partie du 6e corps de cavalerie non encore constitué, sous Kellermann (2,788 sabres).

La vieille garde arrivait à Fontenay. La cavalerie et l'artillerie de la garde, puis les deux divisions de jeune garde (Ney) atteignaient La Houssaye. Tous ces corps de la garde venaient de Montmirail à la suite de l'Empereur, par La Ferté-sous-Jouarre et Meaux.

Les équipages du grand quartier général, les parcs, les convois avaient rétrogradé à Charenton, par ordre du roi Joseph.

Sur la droite, Pajol avec sa cavalerie était à Lissy, Fourches, Limoges, Moissy. Sa 1re division (Allix) à Réau, occupant Melun par un détachement de 400 hommes. Sa 2e division (Pacthod) à Evry. Total du corps Pajol : 6,255 fantassins, 1800 à 2,000 sabres.

Le général Bordesoulle installait à Guignes 581 cavaliers de toutes armes, recrues de 15 jours, reçus de Paris le 15, et les formait en 3 escadrons : 1 de cavalerie légère, 2 de cuirassiers.

En arrière la 1re division de réserve de la garde (Charpentier) à Corbeil et Essonne, — la 2e division de réserve de la garde (Boyer de Rebeval) était en formation sur les mêmes points.

La 1re division de réserve (duc de Padoue) en formation à Villeneuve-Saint-Georges.

Le grand quartier général de l'Empereur, à Guignes.

On se tromperait de beaucoup en s'imaginant que ces corps avaient une organisation régulière et uniforme. L'infanterie était formée par brigades et non par régiment : chaque brigade se composait de 5 à 7 bataillons de divers corps et d'effectifs très variables.

En outre, tandis que les corps Victor et Oudinot ne contenaient que des jeunes soldats versés dans des cadres de l'armée régulière (régiments de ligne ou légers), le 11e corps et la division Pacthod étaient presque exclusivement formés de gardes nationales, qui entraient aussi pour la plus grande part dans la composition des divisions Allix, Charpentier, Boyer de Rebeval, Padoue. La cavalerie, au contraire, à l'exception des conscrits de Bordesoulle, était formée d'éléments excellents, déjà aguerris par maints combats; les dragons d'Espagne du comte Treilhard venaient encore lui apporter l'appoint de leur réputation si vaillamment établie.

En face de cette armée, les Alliés occupaient les emplacements ci-après :

Les réserves russes à Nogent-sur-Seine et Bray, avec l'empereur de Russie, le roi de Prusse et Schwarzenberg ;

Les réserves autrichiennes et la cavalerie de Lichtenstein, à Sens ;

Le corps Wittgenstein à Nangis, son avant-garde à Mormant sous le comte Pahlen (10 bataillons, 4 régiments cosaques et 14 escadrons de la division Rudinger) ;

Le corps bavarois de Wrède à Donnemarie, poussant à Nangis les divisions Antoine Hardegg et Sbleny (formant avec la division Lamotte, le corps Frémont, sous les ordres de Wrède) ;

Le corps Giulay à Pont-sur-Yonne ;

La division Ignace Hardegg à Moret et Fontainebleau ;

La division Bianchi à Fossard ;

Le corps de Wurtemberg à Montereau ;

Les cosaques de Platow et de Seslavin dans le Gâtinais et l'Orléanais ;

Les corps Diebitsh et Lubomirski à Montmirail et Meilleray.

Schwarzenberg apprit simultanément les désastres de Blücher, la marche de Napoléon sur Meaux avec sa garde, et sa présence à Guignes, à la tête d'une nouvelle armée.

Les projets du généralissime étaient déjoués ; il saisit aussitôt la ligne de conduite que les événements lui dictaient :

Replier vers Troyes tous les corps engagés sur la rive droite de la Seine, en faisant sauter les ponts. Donner également à Blücher rendez-vous à Troyes. Concentrer les deux armées d'invasion et marcher de concert sur Paris.

Il envoya des instructions en ce sens dans la nuit du 16 au 17 février.

Napoléon avait donné les siennes dans l'après-midi du 16, pour la journée du 17.

Son plan était de refouler sur le gros des alliés leurs têtes de colonnes engagées sur la route de Paris, et de se saisir le plus promptement possible des ponts de Montereau et de Bray, afin de contraindre Schwarzenberg à accepter le combat avec ses forces dispersées, avant que l'armée de Silésie pût se reconstituer et lui venir en aide.

Voici le précis de ses instructions :

Victor dut prendre la tête et, le 17 au point du jour, attaquer Mormant. Le comte Milhaud avec les divisions Piré (cavalerie légère) et Briche (dragons); le comte de Valmy avec les divisions Treilhard et L'Héritier (cette dernière mise sous ses ordres pour la journée) reçurent pour mission d'encadrer Victor. Oudinot à L'Étang, ayant à sa droite Bordesoulle. La garde, les convois, les parcs, le 11e corps, furent rapprochés de Guignes, prêts à prendre rang pour la marche, et l'ordre fut donné au ministre de la guerre d'y expédier, sous le commandement du général Boulard, toute l'artillerie disponible à Paris. Pajol avec sa cavalerie et la division Pacthod dut se porter sur Le Châtelet, puis Montereau, tandis que son autre division (Allix) se joignant à la division Charpentier et aux 200 chevaux de Montbrun, opérerait sur la rive gauche et marcherait sur Fontainebleau et Moret.

Dès le soir du 16, Oudinot s'établit aux Étangs, après avoir refoulé sur Pecqueux les avant-postes ennemis.

Victor, en vue de préparer la marche du lendemain, vint bivouaquer devant Pecqueux.

Milhaud, déblayant le terrain en avant de lui des partis qui l'occupaient, s'établit à Aubepierre et Beauvoir.

Journée du 17 février. — Combat de Mormant.

Le 17 février, à 5 heures du matin le 2ᵉ corps, se forma en trois colonnes :

Gérard au centre sur la grande route avec la réserve de Paris, ayant Mormant pour objectif.

La division Chataux[1] à droite, la division Duhesme à gauche, l'artillerie entre les colonnes.

A droite de Chataux, le corps de cavalerie de Kellermann, ses divisions en échelons, la gauche (division Treilhard) en avant. Chaque division sur deux lignes formant échelons, la gauche en avant.

A gauche de Duhesme, le corps de Milhaud prit une formation symétrique, la division légère Piré formant l'échelon de droite, le plus avancé.

A la même heure, le 7ᵉ corps se disposait derrière le 2ᵉ, prêt à l'appuyer ; la division Boyer sur deux lignes, les brigades l'une derrière l'autre, au nord de la grande route, à hauteur de L'Etang ; la division Rottembourg, à 200 mètres en arrière, séparée d'elle par un bouquet de bois.

Le général Bordesoulle forma sa cavalerie au sud de la route, à hauteur de la division Boyer.

Les autres fractions de l'armée occupèrent les positions qui leur avaient été assignées le 16. L'artillerie de la garde, en colonne sur la route, à l'entrée de Guignes.

Dans la nuit, Wittgenstein avait reçu les ordres de retraite ; par suite, dès le point du jour, il recula sur Provins et Nogent et envoya dire à Pahlen de se retirer par le même chemin.

Quand cet ordre lui parvint, Pahlen était déjà en retraite devant Napoléon.

Prévenu la veille par sa cavalerie que des masses considérables se pressaient de Fontenay à Chaulmes et descendaient de ce village sur Guignes et L'Étang ; assuré, d'ailleurs, par les affaires d'avant-postes du 16 au soir de la présence d'une forte infanterie

---

[1] Les rapports de Victor donnent pour ce nom une orthographe variable : Chateau ou Chataux, ce qui paraît singulier, puisque ce général était son gendre. Le nom est Huguet-Chataux.

entre Guignes et Pecqueux, il avait pris ses dispositisns en vue
d'un combat ou d'une retraite pour le 17. Les avant-postes
avaient été resserrés dans la nuit; deux bataillons occupaient
Mormant, et le reste de son infanterie était massé en arrière de
ce village, à droite et à gauche de la route, son artillerie au
centre, sa cavalerie sur les deux ailes.

A cinq heures du matin, les Français prononçant leur mouvement, il comprit l'impossibilité où il était de leur tenir tête et
envoya un officier prévenir Wittgenstein qu'il prenait le parti de
se replier sur Nangis.

Il forma son infanterie en masses de bataillons à droite et à
gauche de la route, encadrant l'artillerie. Sur son flanc droit (au
sud de la route), deux régiments cosaques, appuyés par les deux
régiments Ilowaïski et Rebrikow. Sur son flanc gauche, la division de cavalerie Rudinger, formant deux lignes de 9 et de
5 escadrons[1].

La marche commença dans cet ordre, masquée par le village :
les deux bataillons qui occupaient Mormant reçurent l'ordre de
contenir l'attaque coûte que coûte, assez longtemps pour per-
mettre au gros de prendre son avance.

Gérard lança le 5e bataillon du 32e de ligne, qui, du premier
effort, refoula hors de Mormant les deux bataillons chargés de
le défendre. Comme ceux-ci se reformaient pour reprendre
l'offensive, ils furent aperçus par le général Ismert[2], qui, se
conformant au mouvement de l'infanterie, dépassait à ce moment
le village. Profitant de la surprise, Ismert enleva le 4e dragons,
chargea cette troupe encore en désordre, l'enfonça et l'obligea
à mettre bas les armes.

Napoléon, qui s'était porté à Mormant pour prendre la direction du combat, vit alors les masses d'infanterie du comte
Pahlen qui se retiraient, encadrant leur artillerie sous la protection d'une forte cavalerie et de nombreux tirailleurs répandus
dans la plaine; la queue de la colonne était près de disparaître

---

[1] Cette division, qui comptait 20 escadrons, en avait 4 détachés sur Rozoy,
et 2 détachés vers Melun. Ces 6 escadrons ne prirent aucune part aux combats
du 17.

[2] Commandant la 1re brigade de la division Treilhard.

dans le petit bois de Bisseaux, situé à deux kilomètres est de Mormant.

L'Empereur donna aussitôt l'ordre aux deux corps de cavalerie de se porter, en toute hâte, des deux côtés de la route et de manœuvrer pour l'arrêter, tandis que Gérard suivrait la route pour le rejoindre et l'attaquer en queue. L'artillerie de la garde reçut l'ordre de se porter rapidement en avant de Mormant pour coopérer à l'attaque.

Les deux corps de cavalerie partirent à toute bride.

Kellermann chargea L'Héritier de disperser la cavalerie ennemie et Treilhard de s'attaquer à l'infanterie, dont le flanc serait ainsi découvert.

L'Héritier, prenant les devants, marcha droit aux deux régiments cosaques de première ligne, qui furent culbutés au premier choc par la brigade Lamotte ; les régiments Rebrikow et Ilowaïski, qui accouraient, furent, à leur tour, rompus par la brigade Collaërt. Après avoir un moment tourbillonné sur place, les quatre régiments, réduits à une masse confuse, s'enfuirent dans la direction de Nangis, vivement suivis par L'Héritier.

Treilhard, alors, jeta sa division contre l'infanterie. Le bataillon qui tenait la queue du gros de la colonne se forma en carré ; mais, rompu par une charge brillante du 16e dragons, il fut presque détruit, et ses débris furent rejetés en désordre sur les bataillons voisins.

Sur le côté nord de la route, Milhaud manœuvrait avec non moins de succès.

La brigade Subervie de la division Piré, dès qu'elle se porta en avant, se heurta aux tirailleurs qui couvraient la marche ; elle fit aussitôt un mouvement à droite, les sabra et les rejeta dans le bois de Bisseaux, où ils furent contraints de se rendre. L'autre brigade de la division Piré marcha droit à la cavalerie de Rudinger. La division Briche, qui la suivait, était formée sur deux lignes en échelons, de sorte que, en abordant l'ennemi, le corps Milhaud, réduit à trois brigades, se trouvait dans la formation actuellement réglementaire pour le combat de la division de cavalerie : 1re ligne, brigade Piré ; 2e ligne, brigade Montélégier ; 3e ligne, brigade Ludot.

Les 9 escadrons de première ligne de la division Rudinger furent rompus par Piré, les 5 escadrons de deuxième ligne par

Montélégier, et tous prirent la fuite vers Bailly-Carrois. Confiant à Piré, rejoint par la brigade Subervie, le soin de pousser les fuyards l'épée dans les reins, le général Milhaud, sans perdre de temps, jette la brigade Montélégier dans le flanc de l'infanterie ennemie et donne l'ordre à Ludot de s'élever jusqu'à la tête de colonne pour l'empêcher d'atteindre Grand-Puits.

Pahlen, voyant la queue de son infanterie arrêtée et entamée déjà par les dragons de Treilhard, avait fait hâter la marche, espérant atteindre Grand-Puits et Bailly, et résister dans ces villages jusqu'au moment où il pourrait être dégagé par les divisions Hardegg et Sbleny, qu'il savait à Nangis et qu'il appela à son secours.

Grand-Puits est un village peu considérable, mais dont l'accès direct était barré à la cavalerie par une ligne de prés marécageux, où l'Encœur prend naissance ; à l'est de cette ligne perpendiculaire à la grande route se trouve, en tête du village, une grande ferme, anciennement fortifiée, flanquée de tours aux angles et entourée de trois côtés par une mare profonde formant fossé.

Bailly-Carrois, moins important encore comme centre de population, ne se composait guère que de quatre fermes bien bâties et de l'église.

C'étaient deux points d'appui solides, à l'abri des attaques de la cavalerie.

Les charges de Montélégier sur le flanc gauche de la colonne retardèrent la marche. Pahlen, sacrifiant encore un tronçon de son infanterie, s'efforça de gagner Grand-Puits; mais avant qu'elle eût pu atteindre la ligne de marais dont nous avons parlé (le pont d'Yvernois actuel), la tête de colonne était chargée par la brigade Ludot et contrainte de s'arrêter pour recevoir cette attaque.

En somme, les ordres de Napoléon étaient exécutés par la cavalerie; l'ennemi était arrêté dans sa retraite.

Quand la demande de secours adressée par Pahlen arriva à Nangis, il n'y restait que la division Hardegg. Sbleny s'était déjà, conformément aux ordres du généralissime, replié sur la route de Montereau.

Hardegg, peu soucieux d'être englobé dans le désastre de Pahlen, résolut de se retirer également et donna l'ordre à ses deux régiments de cavalerie établis à Bailly, de le rejoindre à Nangis. C'étaient les hussards de Joseph et les uhlans de Schwarzenberg.

Ces deux régiments se mettaient en mouvement pour obéir à cette injonction, lorsqu'ils furent aperçus par Piré, qui, poussant devant lui la division Rudinger, venait de dépasser Bailly. Abandonnant un moment la poursuite, Piré fait à-droite, charge, rompt et rejette en désordre vers Nangis les deux régiments de Hardegg, puis reprend la route de Provins, à la suite de Rudinger. Entre Bailly et Nangis, les deux malheureux régiments se virent barrer le passage par un torrent de cavalerie débandée : c'étaient les cosaques fuyant devant L'Héritier. Chargés de nouveau et culbutés par Collaërt, ils sont emportés dans la masse des fuyards. 600 chevaux seulement parvinrent à gagner Nangis, poursuivis par la brigade Lamotte, et jetèrent la panique dans l'infanterie de Hardegg ; plusieurs bataillons se débandèrent, le reste se retira précipitamment sur Montereau.

Le corps de Pahlen était complètement abandonné, et sa destruction fut prompte.

Tandis que, sur les deux flancs, Treilhard et Montélégier enfonçaient l'un après l'autre les carrés formés dans la plaine, l'artillerie de Drouot, jointe aux 40 pièces du corps de Victor, balayait la grande route, et Gérard accourait avec sa division.

Sous la poussée de la brigade Ludot, la tête de colonne fut rejetée vers le sud et essaya, par les marais de l'Encœur, de gagner Fontenailles et les bois ; elle fut également détruite, carré par carré. Le dernier, formé de deux bataillons, fut enfoncé en même temps en queue par les 16e et 4e dragons (brigade Ismert), en tête par les 6e et 13e dragons (brigade Ludot), « et c'est au milieu du carré prisonnier, que les deux généraux Kellermann et Milhaud se sont embrassés [1] ».

Le corps Pahlen n'existait plus : 12 pièces de canon et 2,500 prisonniers restaient aux mains des vainqueurs, dont les pertes étaient très faibles ; Milhaud et Kellermann accusaient

---

[1] Rapport du général comte Milhaud, écrit le 17 au soir. La destruction de ce dernier carré eut lieu à mi-route des deux fermes actuelles de la Vacherie et du Cuisseau. Nous avons déterminé sur le terrain même l'emplacement précis où s'est passé ce dernier épisode du combat, avec le concours d'un vieillard qui avait été témoin oculaire du fait.

chacun 150 hommes environ hors de combat ; Gérard en avait perdu une trentaine à l'attaque de Mormant. L'ennemi n'avait pu sauver que 2 pièces.

L'Héritier, par ordre de Napoléon, s'était arrêté à Nangis.

Milhaud, sans perdre de temps, reforma la division Briche ; Kellermann réunit la division Treilhard, et tous deux repartirent dans la direction de Provins, pour soutenir Piré, seul chargé à ce moment de la poursuite. Il l'avait menée rondement, « à portée de pistolet », jusqu'à Maison-Rouge, où les fuyards de la division Rudinger firent une tentative de résistance. Piré venait de les culbuter, quand il fut rejoint par Kellermann et Milhaud. Ceux-ci, chemin faisant, avaient sabré ou dispersé un assez grand nombre de traînards de la cavalerie cosaque et quelques paquets de fantassins échappés au désastre du corps Pahlen.

Milhaud s'arrêta à Maison-Rouge, avec Piré et Briche, tandis que Kellermann, continuant la poursuite avec la division Treilhard, poussait au delà de Vulaines, jusqu'à une demi-lieue de Provins. Il s'établit à Vulaines, et, par des partis de cavalerie envoyés dans toutes les directions de l'Est, s'efforça de recueillir sur le gros des forces alliées des renseignements qu'il expédia à l'Empereur.

Aussitôt le combat terminé, celui-ci se porta de sa personne à Nangis, où il arriva vers une heure.

Parant au plus pressé, il dirigea Victor directement sur Montereau, où il devait, coûte que coûte, coucher le soir même. Il lui adjoignit la cavalerie de Bordesoulle et la division L'Héritier.

Oudinot reçut l'ordre de continuer sa marche sur Provins ; Kellermann, qu'il devait trouver devant cette ville avec la division Treilhard, était placé sous son commandement pour l'aider à se saisir du pont de Nogent.

Milhaud, arrêté à Maison-Rouge, eut pour instructions de se porter immédiatement vers Bray et, s'il était possible, d'en occuper le pont, sans attendre que Macdonald, qui de Nangis devait marcher sur Donnemarie, pût le soutenir.

Journée du 17 février (suite). — Combat de Villeneuve-le-Comte.

Gérard, formant tête de colonne du corps de Victor, quitta

Nangis à une heure et demie ; derrière lui marchaient la division Chataux, puis la division Duhesme.

L'Héritier, avec sa cavalerie, devançait de très peu la tête de colonne, et marchait dans la plaine à l'ouest de la grande route de Montereau. Bordesoulle se tenait à hauteur de Gérard, à l'est de la route.

Vers trois heures, comme la réserve de Paris atteignait Valjouan, L'Héritier informa Gérard qu'une infanterie nombreuse barrait la route, occupant la ferme de Grande-Maison et le village de Villeneuve-le-Comte. Une assez forte cavalerie était massée à l'ouest de l'infanterie, entre Villeneuve et les bois.

Gérard, après une courte reconnaissance, se décida à attaquer sans perdre de temps. Il rendit compte à Victor, le priant de faire presser la marche des divisions Chataux et Duhesme, pour qu'elles pussent au besoin appuyer son attaque.

La troupe qui barrait la route de Montereau, était la division Lamotte, du corps de Wrède. Nous avons vu que de Wrède avait à Nangis, le 17 au matin, les deux divisions Hardegg et Sbleny. La division Lamotte avait couché à Villeneuve, et le reste du corps bavarois à Donnemarie.

Au reçu des instructions de Schwarzenberg, de Wrède avait donné des ordres pour la retraite, qui pour ses troupes devait s'effectuer sur Bray, et avait dirigé immédiatement sur cette ville le gros du corps bavarois. Lamotte allait suivre le mouvement, quand la canonnade de Mormant l'inquiéta pour les divisions placées à Nangis. Par ordre de Wrède, il prit position pour les recueillir.

Presque aussitôt déboucha de Valjouan la division Sbleny avec sa cavalerie, hussards de Sedler et dragons de Grosevitz. Bientôt après arrivèrent les 600 chevaux échappés à la déroute des uhlans de Schwarzenberg et des hussards de Joseph ; ils furent reformés en 6 escadrons et placés à gauche de Villeneuve avec les 8 escadrons bavarois de Lamotte. Enfin, on vit accourir, très en désordre, la division Antoine Hardegg.

Lamotte fit exécuter quelques travaux de défense dans Villeneuve et Grande-Maison par les deux bataillons qui les occupaient, et disposa sa division sur deux lignes un peu en retraite par rapport à ces deux avancées, appuyant sa droite aux bois de Malvoisine, couvrant sa gauche par les 14 escadrons dont nous avons parlé.

Derrière lui, adossées aux bois qui en cet endroit forment un vaste arc de cercle, les divisions Sbleny et Antoine Hardegg se formèrent pour prendre un peu de repos avant de se replier sur Bray.

Au moment où les Français se montrèrent, la division Hardegg venait de commencer son mouvement vers Donnemarie ; la division Sbleny devait la suivre, sous la protection de la division Lamotte chargée de contenir l'attaque.

Gérard donna Villeneuve et Grande-Maison comme objectifs à la brigade La Hamelinaye ; elle se déploya en face de ces deux localités et s'avança sous la protection de tirailleurs et de 12 pièces de canon. Bordesoulle, à la tête de ses trois escadrons, marchait avec elle et devait agir au mieux des circonstances. L'Héritier, à l'extrême droite, eut pour mission de culbuter la cavalerie ennemie.

La brigade Dufour fut conservée en réserve pour parer aux événements, en attendant que les divisions Chataux et Duhesme pussent entrer en ligne.

A trois heures et demie, le combat était engagé.

Un bataillon du 86e de ligne, abordant Villeneuve par l'ouest, l'enleva rapidement et jeta dehors le bataillon qui l'occupait. Bordesoulle qui, suivant le mouvement, avait tourné le village par l'est, lance contre cette troupe en désordre son escadron léger, qui la sabre et la refoule sur un escadron de hussards et un peloton de uhlans accourus pour la dégager ; ceux-ci sont renversés et poursuivis l'épée dans les reins jusqu'à la lisière des bois. Un bataillon de la légion mobile de l'Hiller (division Lamotte) essaie de les sauver ; chargé à son tour, ce bataillon s'enfuit dans les bois en jetant ses armes.

L'enlèvement de Villeneuve, la charge heureuse qui l'avait suivi, avaient causé dans la gauche bavaroise un grand désordre.

Lamotte se vit obligé de reculer sur les bois, et toute sa ligne pivota autour de Grande-Maison comme point d'appui, pour venir se former en carrés parallèlement à la route de Montereau, face à l'ouest.

C'était pour L'Héritier l'occasion de transformer, par une charge vigoureuse, ce mouvement en déroute et de faire disparaître du champ de bataille la cavalerie ennemie qui, formant aile marchante, se repliait précipitamment. Il ne le comprit pas, et se contenta de faire quelques démonstrations devant l'ennemi en retraite.

Mais Bordesoulle, qui avait suivi avec le reste de son monde son escadron léger, se trouvait à ce moment au sud-est de Villeneuve. Les six escadrons reconstitués avec les hussards de Joseph et les uhlans de Schwarzenberg l'aperçurent et hâtèrent leur mouvement pour se mettre en sûreté près de l'infanterie, à l'est de la route de Montereau. Il ne leur en laissa pas le temps. Avant qu'ils se fussent remis en ligne, il avait lui-même franchi la route et les surprenait en pleine manœuvre. Culbutés les uns sur les autres, ils s'enfuirent dans les bois, où il en fut fait un véritable massacre. « Plus de 300 ont été sabrés, dit Borde-« soulle dans son rapport, et sont restés dans les bois morts ou « mourants, sans compter ceux qui ont emporté leurs coups de « sabre. On n'a fait qu'un seul prisonnier, c'est un lieutenant « de uhlans de Schwarzenberg, et encore n'ai-je pu empêcher « qu'il ne fût sabré. Ces jeunes gens tuaient sans miséricorde ; « comme c'était la première fois qu'ils voyaient l'ennemi, je les « ai laissé faire. Je ne puis trop me louer des officiers et sous-« officiers qui commandent ces jeunes gens de toutes armes... »

Le reste de la cavalerie bavaroise, voyant cette débandade, s'enfuit à toute bride sans attendre L'Héritier, qui, enfin, se décidait à marcher.

La faute commise par ce général, faute qui fut relevée dans le rapport de Victor et que Napoléon, dans l'ordre du jour publié le lendemain, lui reprocha durement, était en partie réparée, grâce au coup d'œil et à l'énergie de Bordesoulle.

La Hamelinaye suivit l'ennemi, le pressant vivement sur tout son front, et lui enleva après une chaude affaire son point d'appui de Grande-Maison.

Les Bavarois, formés en carrés ne reculaient que lentement sur les bois, et, l'une après l'autre, leurs fractions quittaient le champ de bataille pour s'engager sur la route de Donnemarie.

Gérard, certain que, de ce côté, La Hamelinaye suffirait à la besogne, jeta Dufour dans les bois à l'est de Grande-Maison, avec ordre de marcher sur La Haie-Jutard et de couper la retraite aux ennemis battus.

Il était cinq heures et demie ; la queue de colonne des Bavarois était encore engagée dans la plaine, lorsque leur gros, passant à La Haye-Jutard, subit dans son flanc gauche un feu violent. C'était Dufour qui, sortant des bois au nord de la route, se disposait, par une charge à la baïonnette, à jeter l'ennemi dans le ravin de Chalautre.

Il l'avait déjà rompu sur plusieurs points et c'en était fait de la division Lamotte, si le maréchal Victor, malgré les instances de Gérard, n'eût arrêté son attaque et ne lui eût ordonné de rejoindre immédiatement la route de Montereau.

Gérard obéit la mort dans l'âme rompit le combat, et rappela la brigade Dufour. La division Lamotte était sauvée. Hâtant sa marche, elle rejoignit Hardegg et Sbleny et avec eux atteignit Bray le soir. De Wrède reçut l'ordre d'y coucher et d'occuper les villages de la rive droite voisins du pont, pour en interdire l'accès aux Français.

A six heures, le corps Victor continuait sa marche sur Montereau.

L'Héritier avait été déjà lancé en avant avec mission de gagner cette ville et, s'il était possible, d'en occuper le pont.

Bordesoulle marcha à l'est de la route, à hauteur de la tête de colonne.

Le combat de Villeneuve avait coûté à l'ennemi 2,000 hommes environ tués ou blessés et la dispersion à peu près complète de sa cavalerie, dont beaucoup d'hommes furent ramassés le jour suivant ; on n'avait pris qu'une pièce démontée[1]. De son côté, La Hamelinaye avait subi de fortes pertes (600 hommes environ). Bordesoulle qui, par son énergie et sa hardiesse, avait tant contribué au succès, n'avait qu'un homme tué, 12 blessés gravement, une trentaine égratignés.

Victor arrêta à Montigny-Lencoup la réserve de Gérard et la cavalerie de Bordesoulle, et envoya les deux autres divisions coucher à Salins. Il était huit heures et demie ; les troupes étaient très lasses. Il paraissait désormais impossible d'atteindre Montereau le jour même, et à coup sûr imprudent de risquer

---

[1] Ce chiffre de 2,000 hommes tués ou blessés est donné par Victor ; il paraît un peu exagéré si on le compare aux pertes des Français.

l'attaque de nuit d'une position sur laquelle on n'avait aucun renseignement.

Ces renseignements ne furent envoyés au maréchal qu'à dix heures et demie par L'Héritier. Celui-ci avait refoulé sur les villages situés au nord du plateau de Survilie les grands'gardes de cavalerie ennemies, et avait constaté l'occupation de ces villages par de l'infanterie qui, d'ailleurs, d'après les feux de bivouac, lui avait paru peu nombreuse. Mais les rapports des habitants signalaient à Montereau même la présence de troupes très considérables, qui, depuis deux ou trois jours, s'y étaient accumulées et n'avaient fait aucun mouvement dans la journée du 17. Après cette reconnaissance, il s'était replié sur Salins et avait établi sa division au bivouac sous la protection des deux divisions d'infanterie qu'il y avait trouvées installées.

Victor envoya aussitôt à Napoléon le compte rendu de ses opérations et l'informa que, dès le point du jour, à moins d'ordres contraires, il attaquerait Montereau.

Milhaud avait reçu à Maison-Rouge, vers trois heures, les ordres de Napoléon, dont nous avons parlé plus haut ; il se mit aussitôt en route pour Bray, non sans grandes précautions, car il avait à opérer une marche de flanc à très grande proximité de l'ennemi, dont la présence était signalée à Provins et dans l'angle formé par la Voulzie et la Seine. Arrivé à Savins, après avoir, à chaque pas, fait fuir des cosaques dispersés dans les hameaux, il lança des escadrons en exploration sur Bray et d'autres vers Donnemarie, pour essayer de se mettre en relation avec Macdonald qui, d'après les instructions de l'Empereur, devait être dirigé sur ce village. Les uns et les autres constatèrent la présence d'une très grande colonne d'infanterie ennemie se dirigeant de Donnemarie sur Bray, mais ils ne purent donner aucune nouvelle du duc de Tarente, qui, en effet, n'avait pas encore à ce moment quitté Nangis. Sans infanterie pour le soutenir, Milhaud ne pouvait songer à inquiéter cette colonne ; ses chevaux et ses hommes étaient à bout de forces ; enfin, la nuit venait, la nuit qui paralyse la cavalerie, qui restreint son action aux routes et lui enlève toute possibilité d'exercer sa fonction maîtresse : voir. Il se décida donc à coucher à Savins et envoya ses rapports à l'Empereur.

Kellermann, après avoir battu le pays en avant de Vullaines, s'était avancé très près de Provins, à peu près évacué par l'ennemi, et avait constaté la présence de beaucoup d'infanterie entre cette ville et Nogent. Mais faute de cavalerie fraîche, il se plaignait de ne pouvoir nettoyer les villages voisins infestés de cosaques débandés et pousser plus avant, car il se trouvait en l'air, entouré d'ennemis qui pouvaient se rallier et lui couper la retraite. Oudinot, cantonné à Vauvillé, le rappela et le fit coucher à Maison-Rouge, sous la protection d'une brigade de la division Boyer.

Pendant que l'armée principale opérait sur Provins et Montereau, Pajol avait, conformément aux ordres reçus, marché sur cette ville. Il s'était trouvé avec son avant-garde, composée seulement d'un détachement du 14e chasseurs, en présence d'un gros de cavalerie près du Châtelet, l'avait culbuté et poursuivi jusqu'à L'Ecluse, où il avait vu la route barrée par un bataillon d'infanterie et par la cavalerie de Wassleben (16 escadrons). Il s'était borné à observer l'adversaire, en attendant le reste de son corps, qui, par suite d'erreurs dans la transmission des ordres, ne l'avait pas suivi. Sa cavalerie, puis son infanterie arrivèrent assez tard devant L'Ecluse, où le corps entier bivouaqua, prêt à se porter en avant le lendemain à quatre heures du matin.

Napoléon reçut ces divers rapports dans la soirée et en prit de l'humeur; il n'avait pas obtenu le résultat qu'il espérait tirer de cette journée : la possession des ponts de Bray et de Nogent. Mais le renseignement principal, celui qui lui était indispensable pour arrêter les opérations du lendemain lui manquait encore. Qu'était devenu Victor? On avait entendu de Nangis le canon de Villeneuve-le-Comte, mais aucune nouvelle n'y était parvenue depuis lors. Certainement Victor avait battu l'ennemi, mais était-il maître de Montereau? S'il tenait le pont, on pouvait, par ce débouché, couper de l'armée alliée les corps aventurés par elle au delà du Loing, et atteindre Schwarzenberg par une marche rapide avant qu'il eût fait sa jonction avec Blücher. Si Montereau restait aux alliés, rien n'était décidé, et leur armée pouvait échapper à la destruction.

Il se coucha inquiet et, selon son habitude, se releva à 1 heure du matin. Le rapport de Victor venait d'arriver. Napoléon, en le lisant, entra dans une violente colère et, sans tenir compte des difficultés qui s'étaient opposées à la marche du duc de Bellune, il ne voulut voir qu'une chose : Montereau n'était pas occupé, ses ordres n'avaient pas été exécutés. Il envoya un officier porteur d'un ordre enlevant à Victor le commandement du 2e corps et le confiant à Gérard, auquel il était enjoint de marcher à la première heure sur Montereau et de s'en emparer.

Quand cet officier trouva le maréchal à Montigny-Lencoup, Gérard n'y était plus, et l'ordre ne put lui être communiqué sur-le-champ. Conformément aux instructions données la veille par Victor, Gérard avait quitté son bivouac avant le jour pour rejoindre à Salins les généraux Chataux et Duhesme, derrière lesquels il devait marcher.

Journée du 18 février. — Combat de Montereau.

Le 18 février à 9 heures du matin, la division Chataux, tête de colonne du 2e corps, débouchait devant le plateau de Surville, situé sur la rive droite de la Seine, au confluent de ce fleuve et de l'Yonne.

Le prince de Wurtemberg défendait la position avec son corps d'armée composé de 24 bataillons et de 16 escadrons formant un effectif d'environ 20,000 fusils, 1900 sabres et une forte artillerie.

L'infanterie, sur deux lignes, occupait le plateau de Surville, de Villaron à Saint-Martin, hameaux fortement retranchés. La brigade Hohenlohe, ainsi que la brigade autrichienne Schœffer arrivée la veille, étaient dans la ville même en réserve.

La division d'infanterie du prince Adam de Wurtemberg et la cavalerie sous Wasleben, étaient opposées à Pajol et occupaient une position à Valence, à 7 kilomètres nord-ouest de Montereau, barrant la route de Paris.

Chataux tenta d'enlever d'emblée les hauteurs, entra dans Villaron, en chassa les défenseurs (3 bataillons) et s'y maintint une demi-heure ; mais, après une résistance opiniâtre, il dut céder le village et se replier avec de grande pertes.

La division Duhesme, arrivant à son tour, se disposa à renouveler l'attaque de front, tandis que Chataux, lui laissant une de ses brigades comme réserve, tentait avec l'autre de tourner le plateau par la droite et de se glisser vers le pont en gagnant la route de Paris.

L'attaque de Duhesme contre Villaron fut de nouveau repoussée après une lutte sanglante; mais tandis que l'ennemi était préoccupé uniquement de la défense de son front, Chataux réussit à gagner les premières maisons du faubourg de Paris; refoulant devant lui tout ce qui s'opposait à sa marche, il menaçait déjà le pont, quand il tomba mortellement frappé d'une balle; sa brigade s'arrêta, puis recula en désordre.

Il était une heure, et la position de l'ennemi restait intacte, quand Gérard déboucha sur le champ de bataille avec la réserve de Paris. C'est à ce moment seulement qu'il fut joint par le courrier de l'Empereur qui lui portait l'ordre de prendre le commandement du 2e corps.

Gérard vit juste dans la situation. Il commença par faire rentrer des tirailleurs de la division Duhesme poussés maladroitement dans des terrains bas à gauche de Saint-Martin; il retira ensuite l'infanterie engagée pour la réorganiser en vue d'une attaque générale et rationnelle de la position. Pour préparer cette attaque, il fit mettre en batterie devant le front les 40 pièces de son corps d'armée, qui ne tardèrent pas à ralentir, puis à maîtriser le feu de l'artillerie ennemie.

Le prince de Wurtemberg ne voyant plus l'infanterie adroitement masquée dans les plis du terrain, et jugeant que ce déploiement d'artillerie n'avait pour but que de masquer la retraite de l'assaillant, voulut tenter un coup de main sur ces batteries qui lui paraissaient en l'air. Par son ordre, le général Doëring les attaqua vivement avec deux bataillons et parvint à s'emparer d'une pièce; mais pris en flanc par un bataillon qui le chargea à la baïonnette, il dut se replier précipitamment, laissant beaucoup de monde sur le terrain.

Vers 2 heures, l'Empereur, accourant de Nangis avec deux bataillons de gendarmerie de la vieille garde, prit la direction du combat, et l'attaque recommença.

Devant ce nouvel effort, mieux réglé et aussi énergique que les précédents, le prince de Wurtemberg songea à la retraite et comprit, enfin, le danger qu'il courait, n'ayant pour l'opérer que le défilé d'un pont. Il résolut de la faire peu à peu, en contenant l'attaque sur son front et se faisant précéder sur la rive gauche par son artillerie démontée et par les portions de ses troupes les plus éloignées.

Le prince Adam de Wurtemberg qui, depuis le matin tenait Pajol en échec à Valence, avait été averti des diverses phases du combat qui se livrait devant Montereau. Le mouvement qui avait coûté la vie au général Chataux fit naître chez lui la crainte d'être coupé du reste de son corps d'armée et lentement il se repliait sans se laisser entamer, quand il reçut l'ordre de repasser le plus rapidement possible sur la rive gauche.

En conséquence, il hâta sa marche, et un peu de confusion se mit dans sa troupe.

Pajol dès lors le pressa davantage et « saisissant le moment où l'ennemi en retraite n'était plus maître de revenir sur ses pas[1], » il jeta sur lui, à la sortie est des bois, la cavalerie des généraux du Coëtlosquet et Grouvel, les fit appuyer sur la route même par la brigade Delort et donna aux trois généraux, comme instruction, d'atteindre le pont avec, ou, s'il était possible, avant l'ennemi.

La retraite des Wurtembergeois, chargés dans le défilé formé par le plateau de Surville et la Seine, se tranforma bientôt en déroute : cavaliers, fantassins, pêle-mêle, se hâtaient de courir vers le pont, incapables dans ce désordre d'aucune résistance, se gênant mutuellement, s'immobilisant les uns les autres. Du Coëtlosquet, pénétrant comme un coin dans cette cohue, sabrant sans relâche, faisait son chemin, rejetait à droite et à gauche ce qui s'opposait à son passage et avançait toujours, suivi be près par Grouvel.

Le prince de Wurtemberg appela en toute hâte la brigade Hohenlohe pour arrêter cette déroute et rétablir le combat. Ce fut en vain : Hohenlohe tomba frappé d'une balle, et sa brigade fut emportée par le torrent des fuyards.

Les corps qui occupaient le plateau de Surville, l'évacuant précipitamment devant le 2e corps, maître enfin de Villaron et d'une partie des hauteurs, vinrent augmenter l'encombrement, qui était tel sur le pont que la brigade Schœffer ne put le traverser et dut rester sur la rive gauche, témoin inutile du désastre.

---

[1] Rapport de Pajol sur la bataille de Montereau.

Deux batteries de la garde, sous le général Digeon, et l'artillerie du 2e corps, amenées au galop sur les hauteurs de Surville, balayaient les ponts par des volées de mitraille.

Le prince de Wurtemberg, voyant la cavalerie française près d'atteindre le pont de Seine, ordonna de le faire sauter, sacrifiant ainsi toute la portion de ses troupes restée sur la rive droite. Le feu fut mis à la mine au moment où le 7e chasseurs se présentait à l'entrée. L'explosion ne rompit pas la pile et ne fit dans le tablier qu'un entonnoir. Du Coëtlosquet alors prit la tête de ses chasseurs hésitants, franchit le pont au galop et rejoignit les fuyards à l'entrée de la ville. La division Duhesme le suivit au pas de charge.

Exaspérés par les souffrances qu'ils avaient endurées pendant plusieurs jours, les habitants secondaient l'armée en jetant par les fenêtres des tuiles et des meubles sur les Wurtembergeois en déroute.

Le gros de l'armée battue fut poussée en désordre entre Seine et Yonne par la brigade Grouvel et par les escadrons de service de l'Empereur. Le prince de Wurtemberg rallia les débris de son corps à Marolles et gagna, le jour même, Trainel et Bazoches.

La brigade Schœffer et de forts partis de Wurtembergeois furent poursuivis par du Coëtlosquet et Duhesme sur la route de Sens.

Le soir, Napoléon coucha au château de Surville, la garde (dont une partie, amenée en charrettes, avait rejoint vers la fin du combat) à Montereau. La réserve de Paris, le 2e corps et la cavalerie de Pajol, à Fossard; la division Pacthod, sur la rive droite.

Pendant cette journée, L'Héritier et Bordesoulle avaient couru le pays entre Montereau et Bray, exploré ce dernier point et recueilli un grand nombre de traînards égarés dans les bois. Ils avaient rencontré devant Mouy le corps Milhaud, qui, de Savins, avait également marché sur Bray et avait reconnu le cours du fleuve de Bray à Nogent, se liant de ce côté à la division Treilhard.

Oudinot, dépassant Provins évacué, s'était établi à Sourdun et avait fait reconnaître par Kellermann (division Treilhard) les abords de Nogent.

Ces reconnaissances prouvaient que l'ennemi était en grandes forces à Bray et occupait comme tête de pont le village de Mouy, fortifié et garni d'artillerie.

De fortes colonnes avaient, toute la journée, défilé par la rive gauche de Bray à Nogent, plus fortement occupé encore par les Alliés. Ceux-ci avaient, en outre, des corps d'infanterie importants à Villenaux, Villeneuve et Courtavant, localités situées au nord de Nogent, sur la Noxe, affluent de la Seine.

Observations générales.

Le récit que M. Thiers a fait des journées des 17 et 18 février 1814, présente, outre de nombreuses omissions et des erreurs de détail, le grave inconvénient de donner des événements une impression inexacte. Il faut en chercher la cause dans l'admiration, très justifiée, mais trop exclusive, que professait l'historien pour le général Gérard. Ce sentiment nuit à la rectitude habituelle de son jugement, et l'entraîne même parfois à dénaturer les faits. Selon lui, c'est Gérard qui détruit à Mormant le corps Pahlen; Milhaud et Kellermann n'apparaissent que comme ses auxiliaires, au 2e plan; c'est Gérard qui triomphe à Villeneuve, où l'action de Bordesoulle n'intervient que comme un brillant épisode. C'est Gérard encore auquel il attribue l'honneur de la victoire de Montereau.

La part de Gérard est assez belle en réalité pour qu'il ne soit point nécessaire de l'accroître au détriment des autres. A Mormant, son rôle s'est borné à l'enlèvement du village par le 5e bataillon du 32e de ligne. C'est Napoléon en personne qui a dirigé l'attaque contre le corps de Pahlen; ce sont Milhaud et Kellermann qui l'ont exécutée. Ce corps était détruit avant que l'infanterie de Gérard eût eu l'occasion d'agir; seules, l'artillerie du 2e corps et celle de la garde avaient pris part au combat en mitraillant la queue de la colonne ennemie.

A Villeneuve-le Comte, tout l'honneur de la direction revient à Gérard; il partage avec Bordesoulle celui de l'exécution. C'est Bordesoulle, en effet, qui, par sa vigoureuse intervention, a empêché tout retour offensif de l'ennemi contre Villeneuve; c'est lui qui, par l'impétuosité et l'opportunité de ses charges, a dissipé la cavalerie bavaroise, jeté le trouble dans l'infanterie et déterminé la retraite de la gauche de Lamotte.

A Montereau, Gérard, arrivant lorsque l'action est déjà commencée, voit juste ; il comprend dès l'abord la nécessité de retirer du combat l'infanterie mal engagée, de la réorganiser en vue d'une attaque d'ensemble, et de préparer cette attaque par l'artillerie. Là se borne son rôle, car Napoléon prend le commandement, et Gérard n'est plus, à partir de ce moment, qu'un sous-ordre, énergique et dévoué comme toujours.

En résumé, si l'on examine les faits, on s'aperçoit que dans ces trois rencontres, c'est la cavalerie qui a fait l'effort décisif. A Montereau même, combat d'infanterie, les Wurtembergeois n'étaient pas encore entamés sur leur front, quand du Coëtlosquet et Grouvel ont transformé en déroute la retraite d'abord bien réglée de la division du prince Adam. La panique qu'ils ont jetée dans cette troupe, leur action audacieuse sur les derrières de la ligne wurtembergeoise ont été les causes déterminantes du succès, et le pont de Seine, objectif de toute la bataille, a été emporté par eux.

Peut-on, d'ailleurs, s'étonner de l'importance du rôle que la cavalerie a joué dans ces deux journées ? Qu'on se reporte aux chiffres que nous avons donnés au commencement de cette étude, on verra que la cavalerie figurait pour 1/3, proportion tout à fait insolite, dans l'armée réunie à Guignes. Qu'on se rappelle aussi ce que nous avons dit, que l'infanterie n'était guère composée que de recrues encadrées en dehors de tous les usages militaires, et de gardes nationaux, tandis que la cavalerie, aguerrie, bien organisée, valait celle des plus beaux jours de l'empire. Dans de pareilles conditions, n'était-il pas tout naturel qu'elle eût sur les opérations une influence spéciale, très supérieure à celle qui d'ordinaire revient à cette arme ?

Direction générale des opérations.

On est tenté de se demander pourquoi Napoléon, après le combat de Mormant, n'a pas dirigé sur Bray le 2e corps. Bray, en effet, avait une tout autre importance stratégique que Montereau. Maître de Bray, l'Empereur coupait en deux tronçons l'armée de Schwarzenberg ; les corps Bianchi, Colloredo, de Wurtemberg étaient perdus pour la suite de la campagne ou capturés.

La réponse à cette observation est, croyons-nous, la suivante :

La question *temps* a souvent, en guerre, une importance égale
à celle de la question *terrain* : le 17 février, Napoléon a jugé
qu'elle la primait. Il se croyait certain d'occuper Montereau dans
la journée, tandis que Victor, quelque diligence qu'il fît, ne
pouvait atteindre Bray que le 18. Une journée, une nuit même
pouvait être le salut pour les fractions aventurées de l'armée des
Alliés. Ajoutons que l'on ne peut aborder Bray que par des
chaussées entre lesquelles, par suite des dérivations de la Seine,
le terrain est impraticable, et que, devant le point de passage, le
village de Mouy constitue une tête de pont naturellement forte.
A Montereau, au contraire, le pont est dominé presque à pic par
les hauteurs de Surville, qui battent la ville. Bray était donc
beaucoup plus facile à défendre pour l'adversaire que Montereau.

Napoléon a préféré une solution plus prompte et plus certaine,
quoique moins complète, à une autre plus féconde en résultats,
mais lente à atteindre et douteuse. C'est une application à la
guerre du proverbe connu :

« Un tiens vaut mieux que deux tu l'auras. »

Malheureusement, l'Empereur était dans une incertitude,
disons-même dans une ignorance complète de la position des
corps alliés, et son calcul, basé sur des données erronées, se
trouvait forcément faux par là même. Quand, le 17 à 1 heure de
l'après-midi, il donnait à Victor l'ordre de coucher le soir à Montereau, il ne prévoyait nullement le combat de Villeneuve et ne
soupçonnait pas la présence à Montereau du corps de Wurtemberg. Ces deux faits, sur lesquels il ne comptait pas, rendirent
impossible l'exécution de ses ordres. Comment Victor eût-il pu
s'y conformer? Parti du champ de bataille de Villeneuve à
6 heures du soir, il ne pouvait déboucher sur le plateau de Surville avec sa tête de colonne qu'à 8 heures, c'est-à-dire à la nuit
close. Était-il prudent, sensé même de tenter une attaque de nuit
contre une position non reconnue, occupée par des troupes dont
on ignorait l'emplacement et l'effectif? Napoléon eût été le premier à blâmer Victor s'il l'eût fait.

Mais, soit orgueil, soit calcul, il n'a jamais aimé admettre
qu'il pût se tromper, et, plus grand par le génie que par le
caractère, il n'a pas hésité en maintes occasions à faire porter à

ses lieutenants la peine de ses propres erreurs. C'est ce qui est arrivé le 17 février 1814. Exécutables ou non, ses ordres n'étaient pas exécutés; le succès de ses combinaisons, qu'il croyait certain, était compromis, et il a frappé Victor.

Les historiens, M. Thiers surtout, ont accepté sans contrôle ce jugement inique.

Si l'on peut reprocher dans cette journée une faute à Victor, c'est d'avoir été trop préoccupé de se conformer à ses instructions, d'avoir arrêté le mouvement de Gérard sur La Haye-Jutard, et d'avoir ainsi permis à Lamotte d'échapper à une destruction complète. On a voulu voir dans cet ordre un acte de jalousie du maréchal, désireux de ravir à son subordonné un succès dont il n'eût pas partagé l'honneur. Il nous répugne de supposer chez un homme de la valeur de Victor un sentiment aussi bas, contredit, d'ailleurs, par les éloges que, dans son rapport, il décerne à Gérard, et nous croyons être dans le vrai en attribuant l'ordre en question à un respect trop scrupuleux, trop étroit, des instructions qu'il avait reçues. Il connaissait Napoléon de longue date; il savait avec quelle âpreté l'Empereur exigeait l'obéissance absolue, et il ne s'est pas cru le droit, même pour un succès important, mais secondaire, de se laisser détourner du but qui lui était fixé. Tout ce qu'il pouvait faire en ce sens, il l'a fait.

Écoutons M. Thiers : « On marcha ensuite sur Salins, où le maréchal Victor s'arrêta pour coucher, bien qu'il eût l'ordre de courir à Montereau. Il aurait voulu que le général Gérard s'y rendît; mais celui-ci, avec ses troupes harassées par une longue marche et par deux combats, ne le pouvait guère, et c'était à Victor, dont les deux divisions n'avaient pas combattu, à former pendant la nuit la tête de colonne. Le maréchal n'en fit rien. »

Ne dirait-on pas que Victor a discuté d'égal à égal avec Gérard et n'a pas voulu se charger de la besogne que celui-ci ne pouvait exécuter? M. Thiers oublie simplement que Gérard était sous les ordres de Victor; que le 2ᵉ corps était formé de trois divisions, dont la première, la réserve de Paris, était commandée par Gérard. Victor n'avait pas à prier Gérard de marcher, il pouvait lui en donner l'ordre, et, si l'on considère, d'une part, le caractère entier du maréchal, de l'autre, l'esprit discipliné et correct, bien que fort raide, de Gérard, on peut être certain que si celui-ci n'a pas marché, c'est que Victor ne lui a pas dit de marcher. Victor l'affirme, d'ailleurs, lui-même dans son rapport à l'Empereur et prend pour lui toute la responsabilité :

« La nuit tombait lorsque l'engagement a cessé ; les soldats étaient très fatigués, et il n'était plus possible de nous rendre à Montereau. J'ai néanmoins posté les deux divisions du 2e corps et les dragons du général L'Héritier à Salins ; le corps de réserve et la cavalerie de Bordesoulle à Montigny-Lencoup, où je suis moi-même. »

Un dernier témoin à décharge, que nous voulons citer pour disculper Victor, c'est Napoléon lui-même. Après avoir, dans le premier moment de colère, enlevé son commandement au maréchal, dès le lendemain il lui en donnait un autre dans sa garde. N'était-ce pas reconnaître qu'il ne s'en était pas rendu indigne[1] ?

Rôle joué par la cavalerie dans les journées des 17 et 18 février 1814.

L'étude de ces deux journées présente, au point de vue spécial de la cavalerie, cet intérêt particulier, qu'on y rencontre accumulés des exemples de presque toutes les opérations que la cavalerie peut avoir à exécuter en campagne.

Nous voudrions pouvoir étudier avec quelque détail le service d'exploration fait par Kellermann, le 17 février, en avant de Vulaines, et, le 18, sur Nogent et Villenauxe. Le 17 également, Milhaud, à la nuit tombante, poussait ses pointes jusqu'à Bray et Donnemarie, et, le 18, son exploration du cours de la Seine de Bray à Nogent pourrait être citée comme un chef-d'œuvre ; il trouva moyen, malgré le fleuve qui le séparait de l'ennemi, de suivre les colonnes en marche de Bray sur Nogent, de se renseigner sur leur composition et leur effectif, et ses rapports mirent l'Empereur au courant de la situation des Alliés d'une manière rigoureusement et merveilleusement exacte. L'Héritier et Bordesoulle, eux aussi, dans cette journée du 18, exécutent entre Bray et Montereau un service d'exploration remarquable. Mais il faut

---

[1] M. Henry Houssaye qui, dans son étude sur 1814, effleure seulement les combats de Mormant, Villeneuve et Montereau, s'accorde avec nous pour laver Victor des reproches qui lui ont été injustement adressés.

savoir se borner, et la place nous manque pour les suivre dans le détail de leurs opérations.

Nous croyons devoir attirer l'attention d'une façon toute spéciale sur le rôle que Bordesoulle a joué à Villeneuve-le-Comte. Il a démontré l'influence que peut avoir dans le combat une petite fraction de cavalerie intercalée dans la ligne d'infanterie, lorsqu'elle est guidée par un chef doué de coup d'œil et de résolution. Un seul escadron de chasseurs, profitant d'un moment de désordre jeté par les circonstances dans un bataillon ennemi pour le charger à l'improviste, a rendu ce désordre irrémédiable et a réussi à interdire à l'adversaire tout retour offensif. Bordesoulle, un moment après, avec ses deux escadrons de cuirassiers, accomplissait un nouvel exploit plus brillant peut-être, qui faisait disparaître du champ de bataille les quatorze escadrons ennemis; il n'en est pas moins vrai que la charge de l'escadron léger contre le bataillon bavarois, chassé de Villeneuve-le-Comte, a été l'acte décisif de la journée. Il a assuré à La Hamelinaye la possession du village; il a jeté le trouble dans toute la gauche de l'ennemi et a obligé celui-ci à exécuter un changement de front. Or, ce changement de front était le commencement de la retraite. La charge de l'escadron léger a donc bien eu sur l'issue du combat une influence décisive.

Le même jour, à Mormant, nous avons vu Ismert, avec le 4e dragons, opérer un mouvement identique, avec le même succès, contre les deux bataillons chassés de Mormant par le 5e bataillon du 32e.

Sans doute, aujourd'hui, l'infanterie, pourvue d'armes à tir rapide, est moins abordable; mais l'usage de ces armes suppose toujours le sang-froid et l'ordre. La cavalerie conserve sa qualité propre : la rapidité; si la surprise vient s'y joindre, elle peut atteindre une troupe d'infanterie désorganisée par le combat, avant que celle-ci ait eu le temps de se reconnaître et agir sur son moral de manière à neutraliser en partie l'effet de ses fusils perfectionnés; dans ces conditions, l'infanterie est pour elle une proie facile. Nous croyons que, dans les prochaines guerres, de petites fractions de cavalerie, un escadron, un peloton même, amenés à la faveur du terrain à proximité de la ligne où combat l'infanterie, trouveront souvent l'occasion de charges courtes et vigoureuses; ces charges, se produisant par surprise sur des troupes fatiguées, désorganisées, énervées par la lutte, pourront être fécondes en résultats partiels. Nous souhaitons aux officiers qui auront à les conduire, le coup d'œil, la décision, la vigueur de Bordesoulle et d'Ismert.

Mais le fait capital, au point de vue de la cavalerie, dans ces deux journées, c'est la destruction du corps Pahlen.

Ce combat est un modèle accompli de poursuite d'une troupe en retraite, et l'on n'y trouve rien qui ne soit parfait, tant dans les ordres donnés par l'Empereur que dans l'exécution de ces ordres par Milhaud et Kellermann.

Tout s'y rencontre : action par surprise du 4e dragons contre les défenseurs de Mormant ; manœuvre de Subervie prenant d'écharpe et ramassant les tirailleurs ; charges brillantes de Piré, Montélégier et L'Héritier, dispersant et chassant loin du champ de bataille les escadrons ennemis ; attaques furieuses de Treilhard, de Montélégier, de Ludot contre l'infanterie, dont ils crèvent successivement les carrés.

Dans cette exécution des ordres de l'Empereur, on ne sait qu'admirer davantage de la succession logique et judicieuse des manœuvres de détail ou de l'ensemble de l'opération. Est-il possible de rien rêver de plus beau que l'action de ces deux corps de cavalerie, concourant sur deux terrains distincts à une même œuvre, poursuivant le même but, et opérant leur jonction au centre du dernier carré prisonnier ?

Qu'on nous permette ici un rapprochement qui nous semble très instructif.

Le général Vinoy, après la bataille de Sedan, s'est trouvé vis-à-vis du VIe corps allemand dans une situation analogue à celle que Pahlen avait, le 17 février 1814, en face de Napoléon. Entre les deux cas, il faut toutefois noter cette différence, que Pahlen, commandant à une troupe bien organisée, exaltée par ses précédents succès, protégée par une nombreuse cavalerie, avait à sa disposition une ligne de retraite à l'abri des insultes de l'adversaire ; il était, en outre, en droit de compter sur le secours de troupes nombreuses et rapprochées, ce qui constituait pour lui un grand appui moral. Vinoy, au contraire, sans aucun espoir d'être secouru, ne pouvait mettre en ligne que deux régiments d'infanterie ; les deux autres, à peine formés, n'étaient qu'un embarras ; embarras encore, cette énorme colonne d'artillerie,

hors de toute proportion avec l'infanterie ; le manque de muni-
tions lui interdisait de risquer un combat ; enfin, avant même
qu'il se mît en route, sa ligne de retraite était barrée par l'ennemi.

Et cependant, Vinoy a échappé, Pahlen a été détruit.

Pourquoi ? Parce que Napoléon, avec son infaillible coup
d'œil, a pris les dispositions qui convenaient à la situation. Pour
écraser l'ennemi, la première chose c'était de l'atteindre : pour
l'atteindre, il fallait l'arrêter, et l'Empereur a aussitôt jeté sur lui
sa puissante cavalerie en la chargeant de ce soin.

Les Allemands pouvaient faire ce qu'a fait Napoléon ; ils le
pouvaient d'autant mieux que Vinoy n'avait que le 6e hussards à
opposer aux divisions de cavalerie prince Guillaume et Rhein-
baben. Au lieu de les lancer sur cette proie qui semblait leur
être assurée, le commandant du VIe corps charge de la poursuite
une division d'infanterie et un seul régiment de cavalerie. C'était
renoncer à ses propres avantages et faire le jeu de l'adversaire.

Cet oubli des règles auxquelles, de tout temps, est soumise
toute opération de poursuite, a été le salut de Vinoy [1].

Ces règles étaient bien connues de tous les chefs français
pourvus de commandements dans les combats que nous venons
d'étudier. Pajol, dans une circonstance analogue, nous en fournit
la preuve.

Dès que le prince Adam a évacué ses positions de Valence
pour se replier sur Montereau ; dès que, à la sortie des bois, le
terrain s'élargissant permet de manœuvrer, Pajol « saisit le
moment où l'ennemi en retraite, n'est plus maître de revenir
sur ses pas. » Il lance du Coëtlosquet et Grouvel sur les deux
flancs du prince Adam, comme Napoléon avait lancé Milhaud et
Kellermann sur ceux de Pahlen.

---

[1] A cela les Allemands peuvent répondre que, pour eux, le principal c'était
la marche rapide sur Paris, et que si Vinoy a échappé, c'est qu'ils n'ont pas
daigné le poursuivre sérieusement. Si le fait est vrai, leur erreur, pour être
différente, n'est pas moindre. C'est, en effet, le corps Vinoy qui a formé le
noyau de l'armée de Paris et permis la résistance ; sans son appoint, la gar-
nison active n'eût pu être constituée, et les Allemands n'auraient été nullement gênés dans leurs attaques contre les forts. Il est aujourd'hui de principe
que le réel objectif d'une armée c'est l'armée ennemie ; son premier devoir est
de détruire les forces adverses ; celles-ci disparues, la prise des places devient
une question de temps, mais n'est plus douteuse.

Si la suite du combat a différé dans les deux cas, c'est que la panique s'est produite chez les Wurtembergeois ; leur retraite est devenue une fuite si rapide que les cavaliers français n'ont pas eu le temps de devancer leur tête de colonne et sont entrés pêle-mêle avec elle dans Montereau.

Mais la tactique était la même : arrêter l'ennemi avec la cavalerie agissant contre ses flancs et sa tête de colonne, pour que l'infanterie puisse le joindre et l'attaquer en queue.

Nous terminerons par un relevé qui a bien son importance, celui du travail effectué, le 17 février, par les diverses fractions des corps Kellermann et Milhaud.

Division L'Héritier. — Partie à 5 heures du matin de Pecqueux : combat contre 4 régiments cosaques. — Combat contre les hussards de Joseph et les uhlans de Schwarzenberg, déjà culbutés par Piré. — Marche sur Montereau. — Exploration de la position de Surville ; rentrée à Salins à 10 heures du soir. — Total : 17 heures de manœuvres. — 2 combats de cavalerie. — 45 kilomètres.

Division Treilhard. — Départ à 5 heures de Pecqueux. — Combat contre 2 bataillons à Mormant (4e dragons). — Combat contre l'infanterie de Pahlen. — Poursuite jusqu'à une demi-lieue de Provins. — Rentrée à Maison-Rouge vers 8 heures du soir. — Total 15 heures de manœuvres. — 2 combats contre l'infanterie. — Une poursuite de cavalerie. — 43 kilomètres 500.

Division Piré. — Départ de Pecqueux à 5 heures. — Combat contre les tirailleurs d'infanterie (Subervie). — Combat contre la division de cavalerie Rudinger (brigade Piré). — Poursuite de la cavalerie. — Combat contre les hussards de Joseph et les uhlans de Schwarzenberg (brigade Piré). — Poursuite jusqu'à Maison-Rouge. — Combat de cavalerie à Maison-Rouge. — Marche sur Savins où la division arrive vers 6 heures du soir. — Total : 13 heures de manœuvres. — 1 combat contre l'infanterie. — 3 engagements contre la cavalerie. — Poursuite de celle-ci. — 40 kilomètres.

Division Briche. — Départ de Pecqueux à 5 heures. — Combat contre la division Rudinger (Montélégier). — Combat contre l'infanterie de Pahlen (Montélégier et Ludot). — Poursuite jusqu'à Maison-Rouge. — Marche sur Savins. — Total : 13 heures de manœuvres. — Un engagement contre la cavalerie. — Un combat contre l'infanterie. — 45 kilomètres.

Si l'on veut bien remarquer que nous avons calculé les distances en ligne droite, sans tenir compte des manœuvres et mouvements qu'ont nécessités les divers combats ; si l'on réfléchit que nous n'avons parlé ni de l'exploration de Kellermann sur Provins, ni des pointes de Milhaud vers Bray et Donnemarie, on arrive à cette constatation que certaines fractions de ces deux corps ont dû, pendant cette journée de combat, faire 60 ou 70 kilomètres.

N'est-on pas porté à se demander de quel argile étaient pétris ces hommes, de quel acier étaient faites les jambes de ces chevaux ? — C'étaient des hommes comme nous, et leurs chevaux étaient pareils, sinon inférieurs aux nôtres. Mais les chefs de cavalerie qui les conduisaient avaient, par une longue expérience, appris l'art d'utiliser les forces sans aucune déperdition, de ménager dans une juste proportion le travail et le repos, de faire rendre à chacun le maximum d'efforts dont il est capable. Ils ne dédaignaient pas d'entrer dans les détails, et, à tous les degrés de la hiérarchie, les officiers formés à leur école n'en négligeaient aucun. Alternance des allures, suivant les circonstances, haltes et repos calculés d'après le travail à fournir, repas des hommes et des chevaux, paquetage, ferrure, etc..., tout était surveillé, réglé avec un soin minutieux. Chacun se faisait un devoir d'entretenir avec une sollicitude de tous les instants l'instrument de guerre, c'est-à-dire les forces et les armes.

Là est le secret des résultats surprenants que nous constatons : la sollicitude constante des chefs envers leurs subordonnés ; les soins incessants donnés par les officiers subalternes et les cavaliers aux armes et aux chevaux doublent le rendement que l'on peut attendre de la cavalerie.

Un proverbe prétend « qu'un mauvais ouvrier a toujours de mauvais outils. » On pourrait le retourner à l'usage des officiers de toutes armes, mais principalement des officiers de cavalerie, et dire « le meilleur outil ne peut faire de bon ouvrage qu'à la condition d'être bien entretenu. »

Situation des corps français concentrés à Guignes
le 16 février 1814.

(Ni la garde ni le corps Pajol ne figurent sur cette situation.)

2ᵉ *corps.* — Maréchal Victor, duc de Bellune. — Général baron Le Camus, chef d'état-major général.

Réserve de Paris. Général Gérard	1ʳᵉ brigade.	52ᵉ léger. 29ᵉ — 32ᵐ de ligne. 38ᵉ — 5ᵉ — 35ᵉ — 55ᵉ —	7 bataillons. 94 officiers. 1,350 hommes.	170 officiers. 2,400 hommes.
	2ᵉ brigade.	26ᵉ léger. 82ᵉ de ligne. 86ᵉ — 22ᵉ — 42ᵉ —	5 bataillons. 76 officiers. 1,050 hommes.	
Division Chataux.	1ʳᵉ brigade. Général Chataux.	24ᵉ léger. 19ᵉ de ligne. 37ᵉ —	6 bataillons. 68 officiers. 690 hommes.	125 officiers. 1,412 hommes.
	2ᵉ brigade. Général Michel.	11ᵉ léger. 2ᵉ de ligne. 56ᵉ —	6 bataillons. 57 officiers. 722 hommes.	
Division Duhesme.	1ʳᵉ brigade.	26ᵉ léger. 4ᵉ de ligne. 18ᵉ —	6 bataillons. 81 officiers. 1,073 hommes.	169 officiers. 2,273 hommes.
	2ᵉ brigade.	46ᵉ de ligne. 72ᵉ — 93ᵉ —	6 bataillons. 88 officiers. 1,200 hommes.	

Total du 2ᵉ corps : Infanterie : 464 officiers, 6,085 hommes.
Artillerie : 20 officiers, 455 hommes. — 40 pièces de calibres divers.

Noⱐᴀ. — Ces effectifs sont ceux du jour qui précéda la retraite de Provins sur Guignes. Le combat de Nogent et le mouvement sur Donnemarie coûtèrent 350 hommes aux divisions Chataux et Duhesme ; mais la division Chataux reçut à Provins, pendant la retraite, 170 hommes pour les 19ᵉ et 37ᵉ de ligne, et fut encore renforcée de 200 ou 300 hommes à Guignes. On peut admettre que le 16, Victor avait un effectif supérieur à celui qui est indiqué ci-dessus, de 200 hommes à peu près.

7ᵉ *corps.* — Maréchal Oudinot, duc de Reggio. — Général Gressot, chef d'état-major général.

Division Rothembourg.	1ʳᵉ brigade. Général Charrière.	5ᵉ rég. de tirail. 6ᵉ —	96 officiers. 2,372 hommes.
	2ᵉ brigade. Général Baudouin.	7ᵉ rég. de tirail. 8ᵉ —	

$$
\text{Division Boyer.}
\begin{cases}
\begin{array}{l}
\text{1}^{re}\text{ brigade.}\\
\text{Général}\\
\text{Gruyère.}
\end{array}
\begin{cases}
\text{2}^e\text{ léger.}\\
\text{24}^e\text{ de ligne.}\\
\text{36}^e\quad —\\
\text{122}^e\quad —
\end{cases}
\begin{cases}
\text{7 bataillons.}\\
\text{117 officiers.}\\
\text{2,746 hommes.}
\end{cases}\\[4pt]
\begin{array}{l}
\text{2}^e\text{ brigade.}\\
\text{Général}\\
\text{Chassé.}
\end{array}
\begin{cases}
\text{16}^e\text{ léger.}\\
\text{8}^e\text{ de ligne.}\\
\text{28}^e\quad —\\
\text{54}^e
\end{cases}
\begin{cases}
\text{5 bataillons.}\\
\text{80 officiers.}\\
\text{2,105 hommes.}
\end{cases}
\end{cases}
\begin{array}{l}
\text{197 officiers.}\\
\text{4,851 hommes.}
\end{array}
$$

Total du 7ᵉ corps : Infanterie : 293 officiers, 7223 hommes.
Artillerie : 34 pièces de calibres divers.

NOTA. — Les effectifs donnés pour la division Rothembourg sont ceux du 21 février. Ils peuvent être admis pour le 16, car, dans l'intervalle de ces deux dates, la division ne fut ni engagée ni renforcée. Il faudrait peut être y ajouter quelques traînards, laissés en route pendant la marche en avant.

Les effectifs donnés pour la division Boyer sont ceux de la situation du 16.

11ᵉ *corps*. — Maréchal Macdonald, duc de Tarente.

$$
\text{Division Albert.}
\begin{cases}
\text{1}^{re}\text{ brigade.}
\begin{cases}
\text{28}^e\text{ léger, 1 bataillon.}\\
\text{139}^e\text{ de ligne, 1 bataillon.}\\
\text{1}^{er}\text{ rég. de Brest, garde nationale.}\\
\text{2}^e\qquad —\qquad —\\
\text{3}^e\qquad —\qquad —
\end{cases}\\[4pt]
\text{2}^e\text{ brigade.}
\begin{cases}
\text{70}^e\text{ rég. de ligne, 2 bataillons.}\\
\text{149}^e\quad —\quad\text{1 bataillon.}\\
\text{Rég. de Rochefort, garde nationale.}
\end{cases}
\end{cases}
\begin{array}{l}
\text{196 officiers.}\\
\text{3,808 hommes.}
\end{array}
$$

$$
\text{Division Brayer.}
\begin{cases}
\text{1}^{re}\text{ brigade.}
\begin{cases}
\text{Grenadiers suisses, 1 bataillon.}\\
\text{19}^e\text{ léger, 1 bataillon.}\\
\text{5}^e\text{ de ligne, 1 bataillon.}\\
\text{11}^e\quad —\quad\text{1 bataillon.}\\
\text{107}^e\quad —\quad\text{1 bataillon.}
\end{cases}\\[4pt]
\text{2}^e\text{ brigade.}
\begin{cases}
\text{86}^e\text{ de ligne, 1 bataillon.}\\
\text{Rég. du Nord, garde nationale.}
\end{cases}
\end{cases}
\begin{array}{l}
\text{120 officiers.}\\
\text{2,374 hommes.}
\end{array}
$$

$$
\text{Division Amey.}
\begin{cases}
\text{1}^{re}\text{ brigade.}
\begin{cases}
\text{46}^e\text{ de ligne.}\\
\text{1 bataillon Calvados, garde nation.}\\
\text{1 bataillon Manche,}\quad —
\end{cases}
\end{cases}
\begin{array}{l}
\text{42 officiers.}\\
\text{707 hommes.}
\end{array}
$$

Totaux du 11ᵉ corps :

Infanterie : { régulière........ 4,240 h. } 7,247 hommes, y compris
{ gardes nationales. 3,007 h. } 358 officiers.

Cavalerie : 12ᵉ hussards, 282 hommes, dont 15 officiers.
Artillerie : 37 pièces, 1,087 hommes, dont 24 officiers.
Génie : un détachement, 181 hommes, dont 8 officiers.

Total général : 8,797 hommes, dont 405 officiers.

◙ NOTA. — Les effectifs donnés pour les divisions Brayer et Albert sont ceux du 21 février. Ces deux divisions, du 16 au 21, n'ayant été ni engagées ni renforcées, ils peuvent être admis comme représentant la situation à la date du 16 ; il faudrait cependant y ajouter d'assez nombreux traînards laissés en route par les gardes nationales. La division Amey, en formation, n'avait le 16 que sa 1ʳᵉ brigade ; le général Thévenet, commandant la 2ᵉ brigade, composée de contingents de gardes nationales de l'Orne, de Rochefort, de Brest, du Nord, rejoignit le 18 ; il amena à la 1ʳᵉ brigade des renforts qui portèrent la division Amey à 5,631 hommes.

5ᵉ *corps de cavalerie.* — Général comte Milhaud.

Division Piré. Cavalerie légère.	Brigade Subervie, Brigade Piré.	1,700 sabres.	
Division Briche. Dragons.	Brigade Montélégier, Brigade Ludot.	1,600 sabres.	4,700 sabres.
Division L'Héritier Dragons.	Brigade Lamotte, Brigade Collaërt.	1,400 sabres.	

6ᵉ *corps de cavalerie.* — Kellermann, comte de Valmy.

Division baron Treilhard. Dragons.	Brigade Ormancey...... 1,568 sabres. Brigade Ismert........ 1,220 sabres.	2,788 sabres.

Ce corps n'était pas encore constitué le 16 ; il fut complété plus tard par la division légère Jacquinot et la division de grosse cavalerie Roussel d'Hurbal, alors en formation à Versailles.

Général de Bordesoulle.

1 escadron de cavalerie légère.	7ᵉ hussards (recrues). 5ᵉ — — 3ᵉ — — 3ᵉ chasseurs — 9ᵉ — —	261 sabres.	581 sabres.
2 escadrons de cuirassiers.	11ᵉ cuirassiers (recrues). 2ᵉ — — 10ᵉ — — 13ᵉ — —	320 sabres.	

Forces respectives des corps français et alliés engagés aux combats de Mormant et Nangis.

2ᵉ corps.	Division Chataux.............. 1,537 Division Duhesme............ 2,442 Réserve de Paris.............. 2,570	6,549 h. d'infant.
Corps Milhaud.	Division Piré............... 1,700 Division Briche.............. 1,600	7,488 chevaux.
Corps Valmy.	Division Treilhard............ 2,788 Division L'Héritier............ 1,400	
40 pièces d'artillerie de la garde................... 40 — du 2ᵉ corps....................		80 pièces.
Corps Pahlen.	Division Rudinger, 16 escadrons. 2,000 4 rég. de Cosaques, 16 escadrons. 1,600	3,600 chevaux.
	10 bataillons russes du corps Wittgenstein..................	4,000 fantassins.
	14 pièces d'artillerie.	
Division Antoine Hardegg.	Uhlans de Schwarzenberg, Hussards de Joseph.	1,800 chevaux.
	1 régiment de Sedler à 4 bataillons, 1 bataillon de chasseurs à 500 hommes.	2,100 fantassins.
	16 pièces.	

Forces respectives des corps français et alliés au combat de Villeneuve-le-Comte.

2ᵉ corps.	Division Chataux.............	1,537	} 6,549 hommes.
	Division Dubesme.............	2,442	
	Réserve de Paris.............	2,570	
	Division L'Héritier	1,400	} 1,981 chevaux.
	Bordesoulle.................	581	
	40 pièces d'artillerie.		

NOTA. — Il faudrait déduire par suite des pertes au combat de Mormant : 30 hommes de la réserve de Paris et 25 hommes de la division L'Héritier.

Division Lamotte.	10 bataillons bavarois...............	4,000 fantassins.
	8 escadrons bavarois...............	800 chevaux.
	16 pièces d'artillerie.	

Division Antoine Hardegg.	Uhlans de Schwarzenberg,	6 escadrons.
	Hussards de Joseph.	600 chevaux.
	1 régiment de Sedler à 4 bataillons.	
	1 bataillon de chasseurs à 500 hommes.	2,100 fantassins.
	16 pièces.	

Division Spleny.	Hussards de Sedler, 1 régiment........	800 chevaux.
	Dragons de Groswitz.................	500 —
	1 régiment de Sedler, infanterie........	1,000 fantassins.
	1 régiment de Jordis.................	1,500 —
	1 — de Rudolph...............	1,500 —
	16 pièces.	

Soit 10,100 hommes d'infanterie, 2,700 chevaux, 48 pièces. Il n'y eut de réellement engagés que 5,000 fantassins (dont le régiment de Sedler de la division Hardegg), 1,400 chevaux et une trentaine de pièces.

Forces respectives des corps français et alliés au combat de Montereau.

Les forces des Français étaient les mêmes qu'à Villeneuve-le-Comte, moins les pertes subies à ce combat (600 hommes environ). Il faut y ajouter le corps Pajol, savoir :

Division Pacthod. — Gardes nationales.

Brigade Delort.	2 bat., Sarthe, garde nationale.	1,653 h.	
	1 — Indre-et-Loire, —		
	1 — Loir-et-Cher. —		
Brigade Bonté.	1 bat., Loiret, garde nationale.	1,256 h.	} 3,755 fantassins.
	1 bat., Eure-et-Loir, —		
	2 bat., Seine-et-Marne, —		
	2 bat., Seine.		
Brigade Loczinski.	1 bat., Maine-et-Loire, garde nat.	846 h.	
	1 bat., Mayenne.		
Brigade du Coëtlosquet, cavalerie légère,		} 1,800 à 2,000 chevaux.	
Brigade Grouvel, —			
15 pièces d'artillerie.			

Vers la fin de la journée arrivèrent en outre :

2 bataillons de gendarmerie de la garde..........	800 hommes.
2 escadrons du service de l'Empereur............	200 cavaliers.
2 batteries de la garde.....................	12 pièces.

Le total donne 10,695 fantassins, 2,181 chevaux (puisque Bordesoulle et L'Héritier ne prirent pas part à l'action) et 52 pièces d'artillerie.

Le corps de Wurtemberg avait 24 bataillons forts de 18,000 à 20,000 hommes. (Ces bataillons, en entrant en France, avaient chacun un effectif de plus de 900 hommes.)

16 escadrons ; 1,800 chevaux.

Brigade Schœffer de 6 bataillons, soit 2,400 hommes.

Total 20,000 à 22,000 fantassins et 1,800 chevaux.

L'artillerie était nombreuse, mais on n'a pas de données exactes sur le chiffre de ses pièces. Si les divisions de Wurtemberg étaient organisées comme celles des autres corps de l'armée alliée, il devait y avoir à Montereau 5 batteries de 8 pièces chacune, soit 40 pièces.

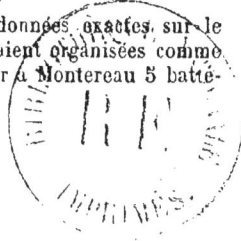

Paris. — Imprimerie L. Baudoin et Cᵉ, 2, rue Christine.